Los códigos alienígenas

Autora: Karen Prieto
Capa y diseño: Christoffer Nyland

Índice

Introducción

La humanidad siempre ha aspirado a tener el control pleno sobre su vida. Estar llenos de salud, vitalidad, armonía, abundancia, y libres de miedo, culpa, vergüenza, enfermedades, pobreza y todo lo que es nocivo para nuestra raza.

Nuestro ADN guarda toda la información y la programación de lo que actualmente somos.
Ante la ciencia, el 3% del ADN es conocido y el 97% es un misterio.

Cuando adoptamos una postura espiritual y exploramos esa parte misteriosa de nuestro ADN, nos damos cuenta que en él se encuentra oculta la información y la programación del ser humano perfecto que fuimos en origen, antes que nos "desterraran del paraíso", y descubrimos nuestras potencialidades y la manera de despertarlas, para llegar a ser lo que aspiramos en la vida.

En este manual, encontramos todos los conocimientos y prácticas más importantes para la realización de la activación de nuestro ADN cósmico, el ADN del ser humano perfecto.

Vamos a comenzar con una inmersión sobre lo que és el ADN cósmico.
También veremos un poco sobre la historia de la raza humana, según la cosmovisión de las tablillas sumerias y de los indios peruanos Quero, haciendo un contraste entre ambas cosmovisiones.
En este punto, entenderemos el porqué de nuestro ADN estar desactivado, ¿cuál fue el motivo?, ¿porque esta medida tuvo que ser tan necesaria?

Luego, vamos a ver las distintas técnicas para activar nuestro ADN cósmico, así como tendremos menciones sobre las distintas razas extraterrestres que ya tuvieron contacto con nuestra raza, sean ellos positivos o negativos a nuestra evolución.

Dentro del estudio de las razas negativas, tendremos alusión a seres que operan desde en terreno mental y veremos cuáles son sus distintas técnicas para intentar perjudicarnos. Veremos la técnica más común que es a través de la implantación humana y entenderemos cómo podemos liberarnos de todas estas técnicas.

En la sección de meditación de los códigos alienígenas, tendremos una alusión a cómo esta técnica es aplicada a través de los cursos y workshops que la autora ofrece.
Para finalizar, veremos como la raza humana puede comenzar a tener contacto con las razas extraterrestres positivas, para ser miembros activos de esta gran hermandad que trabaja para la evolución de los planetas.

Sobre la autora de este manual, Karen Prieto es una terapeuta holística que comenzó su experiencia desde 2008 cuando recibió una iniciación espiritual en Fusagasugá - Colombia, una ciudad sagrada de indios llamada Sutagaos que significa Hijos del Sol (lo mismo que el dios Viracocha - el dios del sol para nuestros vecinos, los indios Inca peruanos).

Ella tiene conocimiento en las terapias de Chamanismo, Reiki, Fitoterapia, Acupuntura, Astrología, Geometría Sagrada, Kabalah, Registros Akáshicos, Numerología, Cromoterapia y Cristales, que usa para la curación y comparte este conocimiento mágico a través de un proyecto que tiene desde 2015 llamado Alien Meditation.

Karen se dio cuenta de que los dioses antiguos son los mismos seres que hoy en día conocemos como extraterrestres. Son nuestros antepasados, y hay razas positivas y negativas para la humanidad.

En su iniciación recibió la misión de enseñar a sus hermanos y hermanas cómo activar su ADN cósmico, a través de los códigos alienígenas que nos dieron nuestros antepasados, este es el secreto para liberarnos de la matriz y conocer nuestro verdadero origen y misión de vida.

Alienmeditation.com
info@alienmeditation.com
+5511941837156

¿Qué es el ADN Cósmico?

Para la ciencia, el ADN es la sigla de ácido desoxirribonucleico, proteína compleja que se encuentra en el núcleo de las células y constituye el principal componente del material genético de los seres vivos.

¿Cómo es el ADN?
A los ojos del microscopio los científicos descubrieron que hay una parte del ADN que no es visible.

Apenas es 3% es visible y es posible de ser explorado a través de la ciencia.
Pero el 97% los científicos lo catalogan como material basura o aleatorio, que es la parte del ADN no visible.

Sin embargo, desde los ojos energéticos percibimos lo que es esta parte invisible del ADN y cómo trabajarlo.

En este ADN invisible hay mucha información que forma parte de nuestro inconsciente, de nuestra memoria ancestral y que tiene toda la información de nuestras experiencias, nuestras vidas, nuestros ciclos, nuestros egos, los fractales que están en otras dimensiones y todo lo que podemos experimentar como seres con alma.

Todas estas realidades están conectadas en nuestro ADN, que es nuestra memoria, que vida tras vida arrastramos y que se va registrando en el ADN.
También se encuentra la memoria de nuestra familia, que es la que incorporamos en nuestras vidas.

Lo que para los científicos es ADN aleatorio, nosotros los sensitivos lo llamamos de ADN cósmico, ese 97% invisible ante los ojos de los escépticos, que nosotros sí podemos saber de lo que se trata.

Es el material genético que guarda todos los secretos de nuestra verdadera origen, de cómo activar todas nuestras potencias y poderes para tener plenitud en todos los aspectos de nuestra vida, y de cómo liberarnos de la matrix, de este rebaño de ovejas mansas que van caminando hacia el matadero.

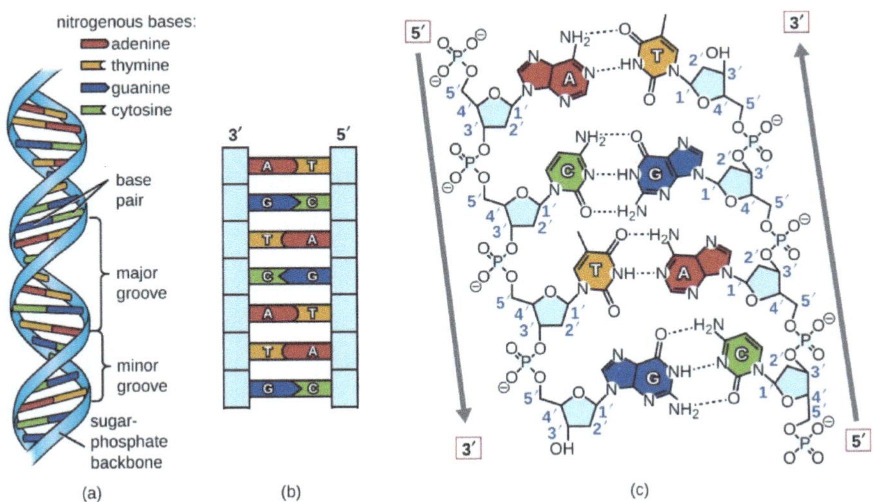

La importancia de activar el ADN Cósmico

A lo largo de este manual vamos a entender la riqueza de nuestro ADN cósmico.

El ADN cósmico en un cuerpo humano es como un tesoro en una caja, y justamente al ser un tesoro invaluable y codiciado, hubo un momento en la evolución del ser humano, donde se nos fue desactivado nuestro ADN cósmico, para que caigamos en amnesia, nos creamos seres bajos, seamos manipulables y débiles, y podamos así ser utilizados por psiques parasitarias, para servirles de alimento a través de nuestro sufrimiento y energías densas.

Al no recordar lo que verdaderamente somos y saber sobre nuestra riqueza, caemos en enfermedad, discordia, pobreza, guerras y todo tipo de situaciones negativas.

De ahí la importancia de activar nuestro ADN cósmico. Podemos despertar para lo que verdaderamente somos, desarrollar nuestras virtudes y poderes, y así acabar con los complejos de inferioridad como raza humana, empoderarnos y atraer todas las condiciones favorables para la autorrealización, la paz, buena salud, alegría, plenitud y todo tipo de situaciones positivas que nos harán liberarnos de la matrix, de ese ciclo de repetidas muertes y nacimientos con vidas flageladas.

Entenderemos nuestro lugar en el universo y el verdadero sentido de nuestras vidas y seremos plenos y realmente libres para crear nuestra propia realidad.

Historia de la raza humana y la desactivación del ADN Cósmico

Existen varias teorías sobre el origen de la raza humana.
Las teorías más famosas de nuestra origen son las evolucionistas de Darwin y las creacionistas de la biblia.

Pero existen teorías todavía más antiguas que la propia biblia, y una de estas son las de las tablillas sumerias, con una antigüedad de 6.000 años.

En estas tablillas hay un relato creacionista similar al de la biblia.
Muchos antropólogos entienden que los relatos de la biblia fueron apenas una copia de estas tablillas sumerias.

La civilización sumeria fue la fundadora de las ciencias celestes, y la astrología. Conocían muy bien todo el mapa del sistema solar, tenían un conocimiento bastante avanzado para aquella época, entendiendo que no tenían ningún tipo de telescopio o herramienta avanzada para explorar el universo de la manera que lo hicieron.

Hay un arqueólogo de origen Ruso, Zecharia Sitchin, y fue este hombre quien tradujo las tablillas sumerias. Se descubrieron en total 445.000 tablillas.

Estas tablillas hablan sobre una mitología de una raza extraterrestre en la tierra. Esta raza son los Anunnakis, de las palabras Anu: cielo, Na: bajar, Ki: tierra.

Según la traducción de Sitchin, estos seres vinieron de un planeta llamado nibiru, y vinieron para la tierra en busca de oro, porque el planeta nibiru había colapsado por causa de desgaste ambiental, guerras nucleares, etc.

La atmósfera de ellos ya estaba bastante desgastada y era una atmósfera con una serie de componentes especiales que solo se conseguirían a través del oro monoatómico, por lo tanto ellos vinieron para explorar todo ese oro que existía en el planeta, para llevar al planeta nibiru y restaurar esa atmósfera.

Según Sitchin, este oro monoatómico era también usado para prolongar la vida de estos seres, a través de la restauración de las células de sus cuerpos, la actividad de oxidación de las células era impedida y por eso conseguían vivir mucho tiempo.

En esta cosmovisión se habla de anu, el grande patriarca de esta civilización, y sus dos hijos: enlil y enki. Estos dos hermanos eran hijos de madres diferentes y tenían enfrentamientos buscando la aprobación del padre.

Enki era conocido como un científico genetista, y él fue el primero enviado para la tierra para operar las minas de extracción de oro. Como fue el primer miembro de la realeza enviado para la tierra, fue considerado el señor de la tierra.

Después de una serie de fracasos en esa extracción del oro, intentando primero con extracción subterránea y después haciendo algunas bases en áfrica para extraer sin mucho éxito, su hermano enlil fue llamado para hacer una intervención para ayudar, pero enlil en vez de ser científico era una mente militar.

Según las tablillas sumerias, los anunnaki se acentuaron en el medio oriente, justamente entre el río Tigris y Éufrates, y ellos hicieron bases de comunicación entre la tierra y el planeta nibiru.

Los seres que operaban las bases mineras, los igigi, eran la raza obrera, que más tarde se revelarían al gobierno de anu.
Enlil el militar, tendría que capturarlos y enfrentarse con ellos. Más tarde esos igigis serían conocidos como los famosos ángeles caídos.

Los igigis exigieron el cierre de las minas, debido a las pésimas condiciones de trabajo, entonces anu convocó un consejo para llegar a un acuerdo, y enki, el grande genetista se ofreció para crear un nuevo ser que pudiera ser usado como esclavo para la extracción de oro.

Entonces él tuvo la idea de cruzar un omitido con ADN anunnaki, y después de muchos experimentos fallidos, enki finalmente crea un ser casi perfecto llamado adapa. Al final, enki acaba creando un cariño por este ser y sus descendientes.

La rivalidad entre enki y enlil iba creciendo, y ellos llegaron a un punto en que tuvieron que separarse, cada uno creó su propio reino y sus propias civilizaciones, uno queriendo destruir al otro, y unos pueblos odiándose con otros.

Entonces llegaron a un punto en el que inclusive usaron armamento nuclear. Este armamento fue utilizado en el medio oriente, y los científicos descubrieron que hasta ahora tenemos indicios de una actividad nuclear en esta zona y en el mar muerto.

Hay referencias en las tablillas sumerias de seres aliados a la raza humana, como es el caso de los igigi, que serían justamente los seres que se revelaron al gobierno de anu, y que desde el inicio de la historia nos quieren ayudar.

Existe otra cosmovisión, la de los indios Qeros, que habitan en los andes peruanos. Sus teorías son parecidas a las de las tablillas sumerias.

Entendiendo que en cuestión de espacio y tiempo hay mucha diferencia entre las tablillas sumerias y los indios Qero, hay una coincidencia muy grande.

En el inicio de los tiempos según los Qero, había unos seres llamados chulpas, que eran una raza andrógina, de esta manera no existía dualidad en la realidad de ellos, al no dividirse entre macho y hembra. Ellos fueron la primera raza avanzada en acentuarse en el planeta y convivir en perfecta armonía con la tierra.

Después llegaron unos astronautas del espacio llamados los viracochas.
Esta raza hizo un acuerdo con los chulpas para extraer un mineral de la tierra y poder así llevar al planeta de origen de ellos.

Los viracochas eran grandes genetistas y le ofrecieron a los chulpas la división de género para que pudieran experimentar la dualidad macho-hembra.
Los chulpas, llenos de grande curiosidad por experimentar la dualidad, aceptaron el trato.

Cuando estas dos razas estaban conviviendo en armonía, llegó una tercera raza a la tierra, los sajras, que tenían rostro de reptil.

Esta raza también llegó al planeta para realizar extracción de minerales, pero tuvieron una rivalidad con los chulpas debido a la incompatibilidad de sus intereses personales, y se desarrolló una grande guerra.

En la época de la guerra, en el planeta había una capa muy gruesa de hidrosfera, pero al descubrirse que esa capa de hidrosfera era imprescindible para la subsistencia de la raza de los chulpas, pues los mismos eran intolerantes a los rayos ultravioleta del sol, los sajras colapsaron la hidrosfera.

Entonces toda el agua que estaba retenida en la atmósfera cayo para la tierra, este sería el tiempo histórico conocido en la biblia como el diluvio universal. Al final, los sajras ganaron la guerra y los chulpas tuvieron que retirarse y refugiarse en ciudades intraterrenas debido a la falta de condiciones en la superficie de la tierra.

Después de estos episodios, los sajras tuvieron más autonomía en la tierra y cómo al igual que los viracocha, los sajras también eran grandes genetistas, posteriormente crearon otras razas de laboratorio para servir a los intereses de ellos.

Dentro de los seres creados, ellos hicieron experimentos genéticos hasta llegar a perfeccionar una raza que posteriormente llamaríamos de humanos.
La raza humana es una mezcla de varias razas alienígenas positivas y negativas, con mucha diversidad y cualidades de todos estos ancestros.

Esta nueva raza, los humanos, evolucionaron rápidamente y consiguieron grandes conocimientos y tecnología, entonces quisieron independizarse y quisieron expulsar a los sajras y a los viracochas, para tener el control del planeta.

En vista de estos grandes acontecimientos, la guerra global y el surgimiento de una especie mucho más poderosa, todas las razas presentes en la tierra, se unieron en un consejo para decidir sobre el futuro de la tierra.

En este consejo, los sajras fueron declarados culpables por haber colapsado la tierra y por haber intervenido genéticamente creando una raza muy amenazadora para el equilibrio del planeta, y son capturados en ciudades intraterrenas.

Sobre la raza humana, debido a ser producto de razas positivas y negativas, algunos se mostraban destructores y otros se mostraban benefactores, entonces su ADN fue desactivado y solo restaron activas las cadenas de ADN procedentes de los homínidos para pasar por un tiempo de prueba durante el cual no nos iríamos acordar de nada.

Este tiempo de prueba fue hecho para demostrar al consejo planetario que somos seres con consciencia, seres benefactores y que merecemos seguir existiendo como especie autóctona y restaurar nuestro ADN cósmico.

Durante este periodo de prueba nos dejaron el libre albedrío.
Algunas razas negativas que restaron en la tierra y que hoy en día operan desde dimensiones mentales, se aprovechan de nuestra amnesia para implantarnos sistemas de creencias limitantes y apasionarnos en una matrix holográfica donde somos ovejas mansas caminando hacia el matadero, sin cuestionarnos nada, por más extraño que parezca, aceptando con fé ciega todos los sistemas de creencias que la sociedad nos impone y generando olas de energía y sentimientos negativos que alimentan a estas psiquis o razas negativas que operan desde la mente.

¿Cómo activar el ADN Cósmico?

Como vimos, el 97% de nuestro ADN es de carácter cósmico y está dormido debido a un proceso de estagnación de la evolución del ser humano.

¿Cómo podemos ayudarnos a despertar la memoria que está en las hebras de ADN cósmico?

Nosotros tenemos en nuestra anatomía energética unos puntos que se enlazan con nuestra anatomía física.
El secreto está en las glándulas endocrinas (7 glándulas + hipotálamo) que están en sintonía con nuestros chakras principales.

Entonces existe una conexión de energía con genética física, pues es en el núcleo de las células donde tenemos el ADN, por este motivo, esta conexión de chakras con glándulas es clave para la activación del ADN cósmico.

Además de los 7 chakras que están en conexión con nuestras glándulas, tenemos otros 5 chakras secundarios pero que son clave, pues también representan hebras del ADN dormido.

También existen dos puntos de anclaje en nuestro sistema energético que representan las dos hélices del ADN. Totalizando 12 hebras y 2 hélices en el ADN, 12 chakras y 2 puntos de anclaje.

Los 2 anclajes:

Tenemos uno abajo de los pies a 15 cm, y representa la conexión con la tierra. También se le conoce como la estrella de la tierra, y tenemos otro arriba de la cabeza a 15 cm, que representa la conexión con nuestra alma. También se le conoce como la estrella del alma.

Estos dos anclajes son conocidos como las dos estrellas, porque cuando se visualizan, parecen estrellas tetraédricas dentro de una esfera.

La estrella del alma nos permite que integremos en nuestra vida, en el aquí y ahora, nuestra secuencia de conciencias que habitan en otras dimensiones.
Estamos conectados a varios individuos, originalmente éramos todos parte de una sola consciencia, por eso también se les conoce como fractales o dobles cuánticos.
Estos individuos pueden vivir en otras dimensiones y es necesario que estemos conectados con ellos para la expansión de nuestra propia consciencia y consecuente quiebra de la amnesia a la cual fuimos condenados.

La estrella de la tierra nos permite integrar en nuestra vida, en el aquí y ahora, las experiencias que como terráqueos necesitamos para nuestra propia evolución. Pero es importante resaltar que no tiene nada que ver con el sistema de karma, de repetidos nacimientos y muertes que nos impusieron los seres negativos para que estemos aprisionados, sino que tiene que ver con la conciencia que necesitamos despertar en nuestra vida para tener empatía con los demás, saber cuál es nuestra misión y generar el equilibrio en la tierra, concepto parecido a lo que los Mayas llaman de Tzolkin.

Resumiendo, nuestro sistema energético que está en conexión con nuestro ADN se compone de:

Estrella de la tierra
Chakras de los pies
Chakras de las rodillas
Chakra raiz
Chakra sacro
Chakra del plexo solar
Chakra del corazon medio

Chakra del corazon superior
Chakra laringeo
Chakra de la nuca
Chakra frontal
Chakra corona
Chakra causal
Estrella del alma

Representando 12 chakras y 2 anclajes - 12 hebras de ADN y 2 hélices.

Por lo tanto, cada uno de estos centros de energía está en sintonía con una hebra de nuestro ADN, y de ellas hay 7 hebras que tendrían mayor conexión con nuestra parte más física, que están en conexión con los 7 chakras principales, y que a su vez están en conexión con las glándulas endocrinas.

Trabajando con nuestros chakras, podemos activar nuestras memorias, toda esa información que cada centro de energía o chakra tiene dentro y que va en sintonía directa con una hebra de ADN.

Antes de la activación del ADN cósmico, es necesario saber cómo se encuentra nuestro ADN en nuestro cuerpo, cuáles son sus actuales características, para saber qué es lo que ya tenemos activo y que es lo que todavía nos queda por activar.

Para saber cómo esta nuestro ADN, debemos hacer un chequeo en nuestros chakras. Como no podemos medir directamente del ADN, tendremos que hacerlo indirectamente.

El chequeo puede ser realizado a partir de los 12 años de vida, pues es a partir de esa edad en que se puede ver la información traída de otras experiencias, sin estar afectada por informaciones nuevas, pues la energía está todavía muy bruta.

Antes de esta edad no es apropiado, pues el sistema de chakras no está bien desarrollado.

Si nunca hemos hecho el chequeo y somos adultos, debemos ser más criteriosos con nuestro análisis, para no considerar energías posteriores que se hayan sumado a nuestro campo energético, que las mismas distorsionen nuestro chequeo y que obtengamos una análisis miope: iniciaciones en religiones, votos de silencio, pobreza o castidad, etc.

Además de esto, también es importante saber en qué frecuencia está cada chakra, que nivel vibratorio tiene.

No es lo mismo que un chakra esté con poca energía a que este con una vibración baja. Un chakra puede tener bastante energía pero de vibración baja.

También se debe analizar todo el mapa general de chakras para saber cómo está la situación de la persona.

Como este chequeo es muy complejo y se requiere de mucha práctica para llegar a tener la sensibilidad necesaria, podemos hacer un análisis más sencillo pero que requiere de mucha honestidad de nuestra parte para que la voz de nuestro ego no distorsione nada.

Este análisis se basa en conocer todos nuestros puntos a mejorar en nuestra personalidad y saber a qué chakra cada punto a mejorar corresponde, pues así sabremos cuales chakras tenemos en desarmonía, lo que implica en una activación de una hebra de ADN cuando consigamos equilibrar este chakra.

Aquí mencionamos los chakras que pueden estar en desequilibrio con una breve lista de las desarmonías que causan estos desequilibrios.

De esta manera, sabremos qué punto es necesario trabajar y activar:

Chakras de los pies

Resistencia a los cambios o desapego total a las cosas que tiene.
Los síntomas físicos surgen cuando los desequilibrios energéticos ya están avanzados.

Juanetes: masa dura y dolorosa en la articulación del dedo gordo del pie.
Callos y durezas: engrosamiento de la piel por la fricción o la presión.
Verrugas plantares: verrugas en la planta del pie.
Caída del arco: también conocido como pie plano.

Chakras de las rodillas

Se siente intimidado, oprimido, doblegado, o busca doblegar o intimidar a los demás.
Los síntomas físicos surgen cuando los desequilibrios energéticos ya están avanzados.

Artritis: que incluye artritis reumatoide, osteoartritis, lupus y gota.
Quiste de Baker: una hinchazón llena de líquido localizada detrás de la rodilla.
Cánceres que pueden diseminarse a los huesos o comenzar en estos.
Enfermedad de Osgood-Schlatter: hinchazón dolorosa de la protuberancia en la parte superior de la tibia, exactamente debajo de la rodilla.
Infección en los huesos de la rodilla.
Infección en la articulación de la rodilla.

Chakra raíz

Dificultad en lidiar con los asuntos materiales (dinero, trabajo, etc.), no consigue tomar decisiones y tener una postura ante la vida, vive en el mundo de la luna y siente falta de ánimo para lidiar con los compromisos. Pereza, falta de objetivos, depresión, apego, acumulación de cosas viejas.

Los síntomas físicos surgen cuando los desequilibrios energéticos ya están avanzados.

Problemas en las glándulas suprarrenales, en el ano, recto, tejidos de la pelvis, huesos, médula ósea, problemas de excreción.

Chakra sacro

Falta de placer en vivir, tristeza, apatía, pérdida de libido, impotencia, insatisfacción, vicio en sexo, pérdida de cuidado personal, desarmonía con la relación con la tierra, con la familia, con las personas en general y con nosotros mismos. Guarda emociones vividas en relaciones anteriores.

Los síntomas físicos surgen cuando los desequilibrios energéticos ya están avanzados.

Problemas en las glándulas Gónadas, en la próstata, útero, ovarios, trompas de Falopio, órganos genitales, vejiga, intestino, colon, apendicitis, problemas de reproducción.

Chakra del plexo solar

Emociones densas como rabia, dolor de lo que los demás nos han hecho, miedo, tristeza, angustia, rencor, ansiedad. Falta de poder personal, no sabe imponer límites y decir no, irritación, tristeza de vivir, nerviosismo.

Los síntomas físicos surgen cuando los desequilibrios energéticos ya están avanzados.

Problemas en el Páncreas, en el estómago, hígado, vesícula biliar, riñones, problemas de digestión. Gastritis, acidez, problemas digestivos.

Chakra del corazón medio

Depresión, angustia, irritación, amargura, tristeza, resentimiento, dificultad de perdonar, puntadas en el pecho, exceso de materialismo y apego. Desequilibrio en las relaciones: padre-madre, marido-esposa.

Los síntomas físicos surgen cuando los desequilibrios energéticos ya están avanzados.
Problemas en la glándula Timo, en el corazón, pulmón, bronquios y piel. Problemas de circulación, infarto, taquicardia, cáncer de mama.

Chakra del corazón superior

Falta de sinceridad, engaños, mentiras, estar en el lugar de la víctima o el verdugo, falta de amor por lo que se hace en la vida, falta de compasión, arrogancia, orgullo. Falta de espiritualidad, conexión con lo divino. Desarmonía entre emoción e intelecto.

Como este chakra es la evolución del corazón medio, los síntomas físicos son los mismos.

Chakra laríngeo

Dificultad de expresar la opinión, dificultad de comunicar lo que verdaderamente quiere decir, baja creatividad, verbalización excesiva (habla mucho pero no dice nada), tartamudeo.

Los síntomas físicos surgen cuando los desequilibrios energéticos ya están avanzados.

Problemas en la glándula Tiroide, en la laringe, tráqueas, arterias carótidas, problemas de respiración y baja inmunidad.

Chakra de la nuca

Este chakra es el punto clave para la conexión psíquica con otras dimensiones y otras entidades, es fácilmente manipulable cuando no hay un uso correcto de las facultades psíquicas que adquirimos.

Es muy común que médiums y canalizadores de supuestos maestros ascendidos, que en realidad son psiquis que manipulan estas facultades del ser humano, tengan implantes en este chakra para servir como fieles siervos a estas entidades.

Por eso, muchos de los médiums y canalizadores de estos seres, no son en realidad libres y tienen que estar las 24 horas del día, 7 días en la semana disponibles para los supuestos maestros de luz.

Es un punto muy sensible por el cual también absorbemos energía negativa, principalmente mal de ojo y envidias.

Los síntomas físicos que se pueden presentar son epilepsias, convulsiones, temblores, pérdida parcial del control sobre la movimentación del cuerpo y parálisis del sueño.

Chakra frontal

Preocupación, desorientación, falta de objetivos, falta de noción de la realidad, dificultad de concentración, falta de enfoque, pensamientos acelerados, ideas que se acumulan y no son colocadas en práctica, desorganización, problemas de raciocinio.

Los síntomas físicos surgen cuando los desequilibrios energéticos ya están avanzados.

Problemas en la glándula Pituitária, en el hipotálamo, córtex cerebral, oídos, ojos, mesencéfalo, sistema nervioso. Sinusitis, dolor de cabeza, jaquecas.

Chakra corona

Fobias, falta de fé, tendencias suicidas, neurosis, histeria, pánico, vacío interior, falta de paz, fanatismo religioso.

Los síntomas físicos surgen cuando los desequilibrios energéticos ya están avanzados.

Problemas en la glándula Pineal, en el sistema nervioso central. Problemas neurológicos, insomnio.

Chakra causal

Percepción fragmentada y extremadamente dual de las cosas: santo o pecador, extremo derecho o extremo izquierdo, extremo libertinaje o reglas excesivas, dificultad para encontrar el punto medio en todo.

A través de este chakra, podemos conectar con nuestra alma, siempre y cuando la percepción de la dualidad de la matrix sea anulada.

El trabajo con los chakras es paulatino, trabajando chakra a chakra individualmente, lo cual requiere de tiempo y compromiso.

Los centros de energía nada más son de que reflejos de la información que traemos en nuestro ADN, por eso aunque nos alinean los chakras externamente a través de una terapia de 2 horas, si no realizamos los cambios internos correspondientes a los centros de energía que tenemos alterados, no va a servir de nada y luego los centros estarán nuevamente descolocados.

Debemos realizar meditaciones para todos y cada uno de los chakras, de esta manera, podemos entrar en conexión con la información que cada chakra tiene incorporado.

Es posible recibir esta información de forma directa o de manera inconsciente, y que más tarde se pueden traducir en mensajes más directos, lo importante es mantener una práctica constante, para ir anclando estas informaciones.

En muchos lugares podemos ver el mapa de los chakras principales, con sus colores correspondientes: chakra raíz (rojo), chakra sacro (naranja), chakra del plexo solar (amarillo), chakra cardíaco (verde), chakra laríngeo (azul), chakra frontal (violeta), chakra corona (púrpura).
Estos colores son correspondientes a la 3° y 4° dimensión de la consciencia, pero cuando hacemos un trabajo intenso con nuestros chakras, y realizamos el salto cuántico a dimensiones más trascendidas, los colores de cada chakra cambian.

Aquí hay un gráfico sobre los rayos de 7° dimensión que corresponden a cada chakra trascendido a esta dimensión de consciencia:

- Chakras de los pies - aguamarina, trascendencia, numerología 1

- Chakras de las rodillas - rosa plateado, potencialidades superiores, numerología 2

- Chakra raíz - rosa magenta, las acciones que antiguamente eran movidas por el instinto de supervivencia, ahora son movidas por el amor, numerología 3

- Chakra sacro - verde, auto sanación, numerología 4

- Chakra del plexo solar - amarillo dorado, la sabiduría, numerología 5

- Chakra del corazón medio - blanco plateado, amor generoso (sin dependencias), numerología 6

- Chakra del corazón superior - dorado solar, conexión espíritu-materia, numerología 7

- Chakra laríngeo - azul zafiro, verdad, poder y voluntad, numerología 8

- Chakra de la nuca - esmeralda dorado, consciencia solar, numerología 9

- Chakra frontal - oro rubí, espiritualidad, prosperidad, numerología 10

- Chakra corona - violeta, transmutación, alquimia, numerología 11

- Chakra causal - melocotón plateado, divinidad, integración de la dualidad, numerología 33

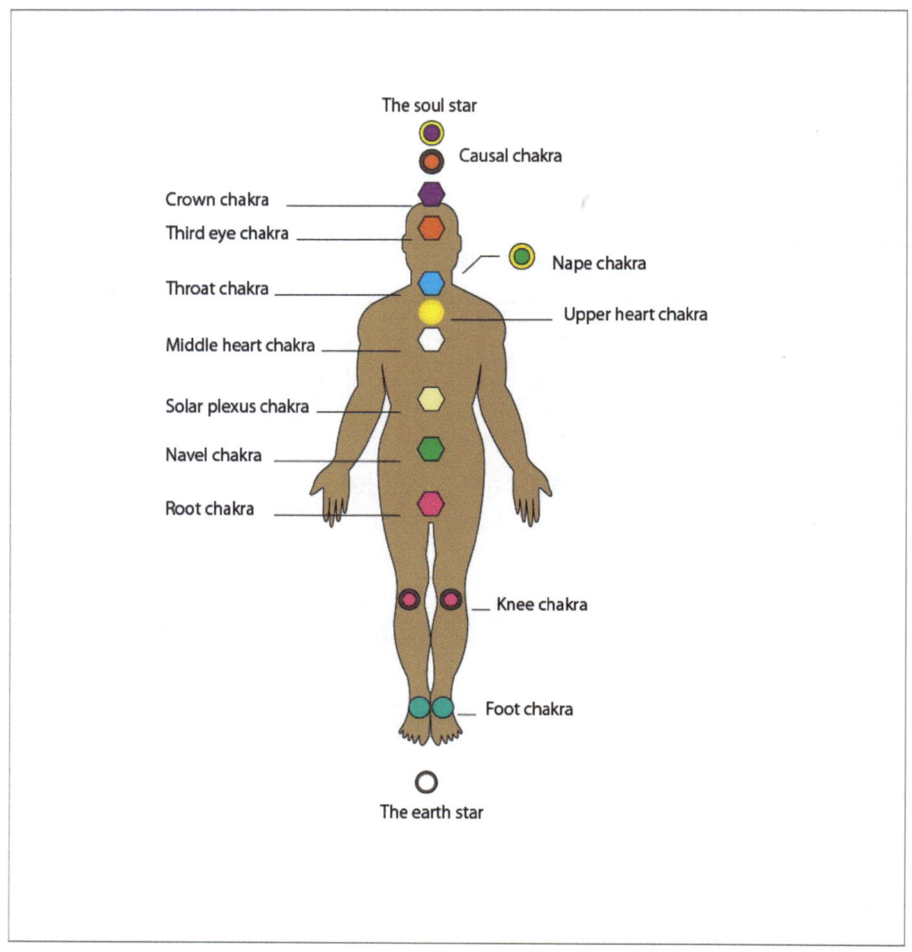

Como vimos anteriormente, ante la ciencia el 3% de nuestro ADN es conocido y el 97% de nuestro ADN es desconocido.

Fue comprobado que el ADN genera una corriente eléctrica y funciona como un motor, por este motivo, es sensible a las influencias magnéticas, funcionando igual a un circuito eléctrico.

Por este motivo, también podemos hacer un trabajo interno a través de las influencias de los planetas de nuestro sistema solar, pues ellos también tienen su propio campo electromagnético.

Por ejemplo, tenemos claramente la influencia de la luna, que puede influir sobre las mareas, sobre los ciclos de la mujer o sobre los estados de ánimo, pero el resto de los astros también nos influyen.

Nosotros somos como un microcosmos, en réplica idéntica al macrocosmos, por eso podemos entender lo que sucede en nuestra vida, entendiendo el mapa celeste.

Cabe destacar que los planetas no nos condicionan, ni nos obligan a nada. El mapa astral es apenas una radiografía para analizar y caso haya alguna situación de desequilibrio en la vida, diagnosticar y encontrar la solución.

Los científicos en los estudios sobre el ADN de los años 50s, concluyeron que el ADN no es reprogramable y alegaron que nuestro ADN dicta nuestra personalidad definitivamente.

Pero a lo largo de las pesquisas, los psiquiatras se dieron cuenta que esta explicación no encajaba, pues estudiaron pacientes con personalidades múltiples y se dieron cuenta que habiendo apenas un código genético el en cuerpo, el paciente podía presentar personalidades completamente diferentes.

El ADN se mueve por energías, por ondas y puede ser modificado dependiendo del estado mental de la persona.

Para finalizar esta inmersión sobre el estudio de las maneras de activar el ADN cósmico, vamos a ver una breve mención sobre los planetas del mapa celeste y su correspondencia con cada chakra.

Sin embargo, necesitaremos de la ayuda de un astrólogo con mucha experiencia para ayudarnos a interpretar nuestra carta natal.

Estrella de la tierra

La Tierra, como nuestra consciencia se personifica y se manifiesta.

Chakras de los pies
Zeres, trascendencia de la realidad corpórea, relaciones paternas filiales.

Chakras de las rodillas
Éride, en mención a la diosa romana hermana de marte, la diosa de la discordia, también se refiere a la emulación, los miedos y el ego.

Chakra raiz
Saturno, la madurez y las reglas.

Chakra sacro
Luna, como sentimos.

Chakra del plexo solar
Sol, personalidad.
Chakra esplénico (chakra del bazo como parte del plexo solar): Marte, como actuamos.

Chakra del corazón medio
Venus, cómo nos relacionamos afectivamente.

Chakra del corazón superior
Quiron, la herida que debemos sanar.

Chakra laríngeo
Mercurio, como pensamos o nos comunicamos.

Chakra de la nuca
Luna negra, Lilith, las potencialidades escondidas.

Chakra frontal
Jupiter, cómo expandimos la consciencia, como brillamos en el mundo.

Chakra corona

Urano, el rompedor de estructuras.

Chakra causal
Neptuno, como nos conectamos espiritualmente, zona del caos, de lo desconocido.

Estrella del alma
Plutón, transmutación y poder.

Nuestras 12 hebras de ADN estaban activas en origen y nuestro mayor reto es activarlas para volver a conectar esta memoria.

Mientras no despertemos, estaremos muy limitados en esta matrix de dualidad o samsara (repetidos ciclos de nacimientos y muertes con vidas de mucho sufrimiento).

Razas alienígenas positivas

Ya que tocamos el asunto del origen de la humanidad y vimos que existieron en la tierra (y todavía existen), diferentes razas de alienígenas, queremos mencionar ahora de manera detallada los diferentes tipos, comenzando con los positivos, o sea, los que están alineados con el proceso de evolución de la raza humana y quieren contribuir.

La conciencia universal es energía pura, y la energía está en constante expansión. Esta consciencia se dividió en 24 rayos. Y al mismo tiempo, estas 24 conciencias se fueron dividiendo, hasta llegar a materializarse en razas primigenias. Luego las mismas se fueron multiplicando y derivando hasta llegar a razas híbridas.

Desde el origen de la raza humana, los Uranianos, hiperbóreos y namlu, nos han acompañado. Estas razas permanecieron en la tierra hasta la conclusión de la raza humana y partieron para otros lugares.
Algunos namlu se fueron a ciudades intraterrenas o a otras dimensiones de consciencia.

Una cosa importante es que no podemos relacionar razas con lugares, por ejemplo, relacionar a los draconianos (raza negativa) con la constelación de draco.

Las constelaciones son espacios muy amplios, con muchísimos sistemas solares y galaxias. Por este motivo no podemos crear prototipos en nuestra mente y categorizar razas con lugares.

Volviendo al asunto de la constelación de draco, allí habitan razas positivas. Siendo que los Draconianos provienen de las pléyades del sistema maya.

Las Pléyades es un cúmulo de estrellas que pertenece a la constelación de tauro, está compuesto por 7 soles y no en todos estos sistemas solares hay humanoides, por este motivo, también existen pleyadianos que son reptilianos y draconianos.

El universo es gigante y se ha ido poblando de diferentes razas. Existen algunas razas híbridas, derivadas de otras, como lo es el caso de los humanos. Las razas positivas se caracterizan por ayudar en la evolución de los planetas que están en proceso de gestación.

Dentro de las razas positivas, también tenemos a los Andromedanos, los Carianos o Sukal como los llama Anton Parks, que tienen cabeza de ave, los Sirianos o Abgal como los llama parks.

Vemos que en muchas culturas y civilizaciones, se mencionan dioses con cabeza de ave, o de leon, este tipo de dioses antropomorfos abundan principalmente en la civilización egipcia.
La raza de los Urma, por ejemplo, son felinos guerreros y fueron unos de los encargados de la protección de los humanos ante la amenaza de nuestra extinción.

Estas razas aportaron parte de su carga genética para crear seres vivos en este planeta, por este motivo los animales se parecen con ellos y no al contrario.
Ellos han evolucionado según el ecosistema donde han tenido que sobrevivir, su forma física es derivada de la adaptación del ecosistema de donde viven.

Cuando la raza humana ya estaba formada, muchas de estas razas se quedaron con nosotros, pues acabamos interligando un camino de evolución, y acabaron quedándose en las zonas intraterrenas y en dimensiones etéricas para seguir compartiendo con nosotros este camino evolutivo.

Dando secuencia a nuestra lista de razas positivas, tenemos los reptilianos de orión (no todos los reptilianos son negativos), que fueron los que donaron parte de su ADN para que la raza humana pudiera prosperar, a través de la aportación del cerebro reptiliano.

Nosotros tenemos en nuestro cerebro tres partes. La básica es el cerebro reptiliano, el que nos ayuda a sobrevivir día a día, nos hace estar en guardia, vigilantes. Luego tenemos el cerebro mamífero, la parte más emocional, la que nos aporta información de todas las razas emocionales y nos vincula a las intuiciones, percepciones. El tercer cerebro es el intelectivo, el que va ligado a capacidades superiores de procesamientos mentales.

Tenemos también la raza de los Zuma, procedentes de las constelaciones de vega y orion. Ellos son antropomorfos, con cabeza de león.

En la constelación de sirio la gran mayoría de las razas son anfibias y son benefactoras. Su piel es azulada y más fina que la de un reptil, para hacer un paralelo, parecen con mística de x-man.

Cabe destacar que muchas veces, nuestro ADN resuena más con un una raza específica.
Existen personas en la tierra, que pertenecen a una raza específica, y que están aquí para ayudar de manera más directa, en la evolución de la humanidad, aunque sea de manera inconsciente.
Somos una gran familia y existe intercambio entre nosotros. Por eso muchos de nosotros hacemos parte de estas razas.

Un pequeño paréntesis para comentar que la hermandad blanca, no es la historia metafísica que nos han contado los teósofos.

La hermandad blanca en realidad, es la hermandad de la serpiente, y está compuesta de las primeras razas que vinieron a este planeta y que se ubicaron en zonas intraterrenas, como el reino de Agartha, con su capital Shambala.
Ellos estuvieron aquí para realizar todo el proceso de evolución del planeta y nos siguen acompañando.

Los supuestos maestros de la hermandad blanca, en su grande mayoría son creaciones mentales que pasaron a tener fuerza a través de un egregor (de la fe de las personas) y acabaron materializándose como formas pensamiento que dan la impresión que son personas trascendidas.

Razas alienígenas negativas

Como vimos en el apartado de la historia de la raza humana, las razas alienígenas negativas, o sea, las que no están alineadas con nuestro proceso de evolución, y nos quieren usar para sus propios objetivos, tuvieron que cesar con su influencia directa sobre los humanos y ahora están operando desde dimensiones etéricas y mentales, por este motivo, a través de su mente pueden proyectarse para intentar seguirnos manipulando.

Como vimos, la composición de nuestro cerebro es de 3 partes.
Cerebro reptiliano: la supervivencia
Cerebro emocional: la capacidad de sentir
Cerebro intelectual: la capacidad de procesar informaciones utilizando la lógica

Generalmente las razas que llamamos de negativas, tienen el cerebro reptiliano y el cerebro intelectual, pero no tienen el cerebro emocional.
Por este motivo no tienen empatía con nosotros y nos usan, así como nosotros usamos a los animales de granja para beneficio propio.

Para el raciocinio de ellos, no nos están haciendo ningún mal. Pero para nosotros, ellos están siendo muy nocivos.

Las razas extraterrestres negativas fueron seres que tenían un proceso evolutivo muy similar al nuestro: un alma con consciencia, capacidad de reproducción, capacidad de creación a través de la mente, etc.

Pero debido a todo el daño que causaron en el universo, este proceso evolutivo fue bloqueado y ahora están usando a los humanos para seguir sobreviviendo, generando energías negativas en los humanos para alimentarse de las mismas, manipulando colectivamente las mentes de los humanos a través de los medios de comunicación para generar paradigmas en la sociedad que les beneficie a ellos, creando lugares de incubación y reproducción artificial usando el ADN humano, etc.

Conoceremos las razas negativas de las positivas a través de su energía.
Si después de un determinado contacto con uno de estos seres, nos sentimos mal, sea física o emocionalmente, entonces este ser no es positivo, por más bonita apariencia que tenga.
Desenvolver la mediumnidad ayuda a detectarlos, pues nos volvemos sensitivos con las energías y desarrollamos un tipo de radar que nos hace detectarlos.

Dentro de las razas negativas o depredadoras tenemos a los reptilianos draconianos, también conocidos como anunnakis. Ellos han ido por distintos lugares, explotando recursos y han ido utilizando a los seres locales de los planetas por donde van para poder hibridarse, pues no se pueden reproducir por sí mismos.

Estos seres tienen conexión con los grises, que fueron creados artificialmente en laboratorio, para ser subordinados de los dracos y poder ejecutar sus distintas funciones.

Los draconianos han sido los que más daño han causado a la humanidad. Un claro ejemplo es yahvé o anu, el dios anunnaki que por varias veces intentó extinguir la raza humana.

Los draconianos más nocivos tienen la piel blanca y son gigantes, con escamas muy gruesas. Algunos tienen alas, otros tienen una cresta gigante de la cabeza a la cola.

Pero existen diferentes tipos de dracos que se asemejan mucho en su conducta negativa.

Existen los dracos de piel verde, otros marrones verdosos, también los rojos con alas y que son muy agresivos, luego tenemos los gárgola, que Parks llama de pazuzu y son los que vemos en las iglesias y catedrales, algunos tienen un cuerno y otros tienen dos cuernos, y tienen alas con tono gris verdoso.

También existen los dracos negros que tienen una violencia increíble y han creado laboratorios de reproducción en la tierra para replicarse a través de ADN humano, estos dracos tienen a su servicio a los grises, que Parks los llaman los miminu y ejecutan las tareas más desagradablescomo raptos, abducciones, inseminaciones.

Los grises son ayudantes de otros alienígenas que son parecidos con ellos, pero que son más altos y blancos, con la cabeza grande y los dedos largos. Estos altos son como los científicos y los pequeños grises son como los ayudantes.

Para ellos, nosotros somos containers de información y utilizan a las mujeres humanas para inseminación. Después vienen otros alienígenas pequeños que son de piel amarilla, con rostro parecido al del pescado, y son los encargados de remover los fetos de los vientres humanos para llevarlos a laboratorio.

Hay otro tipo de ayudantes que en vez de ser grises, son negros y también existen otros azules. Los azules son especialmente vistos por niños.

Todos estos seres trabajan con mentalidad de abeja, existe una abeja reina y los obreros. Todos ellos son como los obreros de un rey y trabajan en grupo, lo que los hace peligrosos.

Hay otra raza que son los seres larvarios. Estos son como larvas y se implantan dentro de nuestro organismo para acabar expandiéndose en el cuerpo energético de la persona y poder así, alimentarse de la energía.

Cabe destacar que los seres elementales, que representan el poder de los 4 elementos, no son creaciones de extraterrestres.
Estos son seres que se fueron creando, a la par que se fueron creando las distintas dimensiones, ellos forman parte de la segunda dimensión.

Pero si es posible que a través de magia negra, se puedan crear elementales de formas-pensamiento para trabajo dañino. Las formas-pensamiento son condensaciones de energía mental muy intensa, que pueden tomar forma de un ser, pero que no tiene consciencia.

Las razas depredadoras no se pueden presentar abiertamente a la humanidad, pues se les caería la máscara. La forma de ellos presentarse, es manifestándose mentalmente como un humanoide bonito, como arcángeles, como guías espirituales, como apariciones de vírgenes, etc. Justamente han sido ellos los que nos han pasado nuestro sistema de creencias, sobretodo el religioso, para que los adoremos con fé ciega y vivamos siempre en temor y culpa por nuestros supuestos pecados originales y nuestra supuesta inferioridad.

Portales orgánicos, clones y arcontes

Podemos considerar este apartado como una continuidad del apartado anterior, sin embargo, aquí vamos a detallar, la manera en que las psiquis operan en los planos mentales y hablaremos sobre tres tipos de seres que pueden ser muy nocivos para nosotros, si no tomamos las debidas precauciones.

Por este motivo, es importante saber de qué se tratan y cómo podemos hacer para protegernos.

Para comenzar, vamos a hablar un poco sobre los portales orgánicos.

En la actualidad, existen en el planeta tierra, viviendo entre nosotros, seres sin alma. Estos seres están más presentes en nuestra vida de lo que podemos imaginar. Están día tras día con nosotros, en el trabajo, en la familia, en el vecindario. El planeta tierra abunda de este tipo de seres.

Para dar una explicación mejor sobre ellos, podemos decir que cuando la monada (la consciencia única del universo) se comenzó a dividir, se fue dividiendo en fractales.

Algunas de estas divisiones continuaban siendo individuos de un alma grupal, por ejemplo: un cardumen de peces, que es una única alma manifestada en varios cientos de peces.

Por lo tanto, cada uno de estos peces no posee un alma individual, pero si un alma colectiva, o sea, son seres sin un alma individual, pero que se manifiestan de forma individualizada.

Pasa lo mismo en el caso de los portales orgánicos. Son humanos que corresponden a un alma colectiva, pero que no tienen un alma individual.

Estas personas se caracterizan porque no tienen capacidad de amar, ni empatía hacia los demás. Lo que sí saben hacer muy bien es aparentar que sienten.

Existen unas psiquis que se aprovechan de estos portales orgánicos para manipularlos a que actúen a su antojo. Por eso, estos portales orgánicos generan emociones que no son precisamente agradables, o sea, ellos intentan gestionar en las personas sentimientos negativos: odio, rabia, envidia, celos, etc.

Los portales orgánicos tienen la capacidad de saber qué es lo que necesitamos, a la par de saber cuáles son nuestros puntos débiles, de esta manera ellos siempre nos llevan a ese punto. Por este motivo no debemos entrar en su juego.

La energía que desprendemos en un momento que no es agradable, esa energía que se está gestando en nuestro interior en esos momentos, los portales orgánicos lo están utilizando inconscientemente para alimentar a las psiquis que los están manipulando, ellos son como robots.

Los portales orgánicos no tienen la capacidad de cambiar, están muy limitados. Llegan a un punto pero de ahí no pasan. Son previsibles, siempre hacen lo mismo, por este motivo no tienen consciencia, no sienten que le están haciendo daño a los otros. Son los famosos sociópatas, psicópatas, narcisistas, verdugos.
Estas personas se manejan apenas con los 3 chakras inferiores: raíz, sacro y plexo, pues no tienen el suficiente nivel evolutivo para manejar los chakras superiores.

También es muy frecuente oír sobre los Walking. Se supone que un walking es un ser que se manifiesta a través de un cuerpo en la tierra, utilizando el cuerpo de otra persona.
El alma de esa otra persona es desplazada de su cuerpo, para que luego ser habitada por el walking.

Cabe destacar que un portal orgánico no es igual a un walking, pues este desde siempre ha sido así, con una conciencia muy limitada.

Los clones también son categorizados como seres sin alma, pero que a diferencia de los portales orgánicos, no corresponden a un alma grupal, son creados artificialmente en un laboratorio.

Es muy frecuente que hayan clones en las dimensiones sutiles, donde ese ser se hace pasar por un familiar fallecido o por un ser que nos cause simpatía, para poder así encajarse en el cuerpo energético de la persona y chuparle la energía.
Se alimentan de la energía emanada por el chakra raíz, por eso, el portador de un clon parásito, cae enfermo muy fácilmente. Se queda sin aliento, sin vitalidad, sin fuerzas para vivir.

Sobre los arcontes, esta palabra proviene del griego *arcai*, que significa arcaico, primario, elemental, que está en campos cuánticos en estado pre orgánico.
Son entidades parasitarias, por lo tanto necesitan de una persona portadora de un alma como fuente de alimento, pues al final, lo que buscan es extraer la energía vital del alma.
Tienen la capacidad de crear formas pensamiento u hologramas, para esta tarea, ellos son muy buenos.

Nuestro chakra raíz (el chakra de la supervivencia) cuando hiperactivo, emana una energía muy intensa. Este chakra puede estar activo y con una energía de baja frecuencia (odio, miedo, celos, rencor) o activo y con una energía de alta frecuencia (acciones movidas por el amor).

Como es una energía terráquea básica para la supervivencia, los arcontes necesitan de esto para dar continuidad a su existencia, por eso generan situaciones negativas para estimular todos esos sentimientos (odio, miedo, celos, rencor) para híper estimular el chakra raíz con energía de baja frecuencia y poder así alimentarse.

Debido a su mala conducta, el proceso de evolución de estos seres se bloqueó hace mucho tiempo, y desde entonces, ellos vagan por el universo en los espacios interdimensionales buscando su lugar, pero no se encajan en ningún sitio.

El motivo por el cual ellos no se encajan en ningún sitio, es porque su existencia ya no tiene sentido, y justamente por este motivo, no pueden vivir por sí mismos, por eso tienen que parasitar a seres con alma.
El alma es la fuente de la existencia.

Implantes humanos

Los Implantes son estructuras distorsionadoras de los campos energéticos corporales del ser humano que las razas negativas usan para debilitarnos y manipularnos fácilmente.
Entonces cuando hay un implante, toda la estructura de la persona se distorsiona a nivel mental, emocional y física.

La mayoría de ellos son colocados antes de la concepción, por eso es muy difícil poder reconocerlos más tarde.

Los implantes modifican y borran la información del ADN, reprogramando los campos electromagnéticos, bloqueando determinada información traída por el alma, manteniendo como real esta matrix holográfica.

El primer programa que los implantes llevan, es para que no los podamos detectar, y así dificultar su remoción.

Los implantes dificultan la apertura de consciencia, nos reafirman el circuito artificial de la rueda del karma para que creamos que es la única realidad evolutiva, condicionan comportamientos, alteran la salud, modifican las ideas, para adoptar patrones de creencias limitantes.

Existen varios tipos de implantes, y para cada tipo, hay una forma diferente de remoción.

Tenemos los implantes de tipo Bioplasmicos, y también los metálicos, que pueden llegar a ser redes enteras de chips dentro del cuerpo, existen los implantes larvarios, y los biónicos que recorren toda la columna vertebral y bloquean los chakras y la energía kundalini.

Todos estos implantes se activan y funcionan debido a la estructura implantaria de control que trae el humano en su campo áurico.

Esta estructura es el centro de control, y lo primero que debemos hacer para retirar implantes, es retirar esta estructura implantaria:

Como vemos, la estructura implantaria tiene un tipo de esferas en el campo energético: una en la parte superior derecha y la otra en la parte inferior izquierda.
Luego hay una especie de entramado en nuestra aura conectadas a esas esferas.
Las esferas son los centros de control de los implantes, si quitamos los implantes pero no quitamos la estructura implantaria, no sirve de mucho.

También existen dos líneas verticales y paralelas de control secundario.
Estas actúan como si fueran scanners que van bajando y subiendo, y también debemos retirarlas.

Las personas que son abducidas, o los canalizadores, son los que tienen la estructura implantaria más fuerte.
Justamente por causa de esta estructura no podemos detectar los implantes.

También es importante mencionar que las razas que nos están manipulando con estos implantes, tienen algunas bases en la tierra que son el hub de las operaciones.

Existen 4 zonas intraterrenas bajo el mar en el planeta, para el control de todas estas estructuras implantarias.

Una zona está en el mar negro en Ucrania. La otra está en el océano pacífico cerca de Hawai. La otra está en el mar del japón entre la costa y las islas. Y la otra en el mar de Ross en la Antártida

Los implantes proceden de otros planos dimensionales y han sido colocados en nuestros cuerpos sutiles para que al encarnar y a lo largo de nuestra vida, conecten con nuestro doble etérico para que se materialicen en el cuerpo y puedan cumplir con su función de control y desprogramación de memoria.

Para retirar la estructura implantaria y los implantes, necesitamos de un procedimiento especial, donde podamos entrar en conexión con nuestro campo energético y podamos realizar las respectivas remociones.

Para ayudarnos con la remoción de implantes metálicos, existe un cristal llamado antimonita, también conocido como estibina. Este cristal detecta implantes, bloquea la programación del mismo y ayuda a retirarlo. Pero no funciona muy bien con los implantes bioplasmicos.

Para implantes bioplasmicos, lo ideal es ayudarnos con una varita de cuarzo transparente biterminado.

Como muchos de estos implantes están programados para que la persona vivencie experiencias kármicas dolorosas, al removerlos, la persona no va a tener más que pasar por estas experiencias: pobreza, enfermedad, engaños, accidentes, etc.

Autodefensa contra razas negativas

Cuando comenzamos a despertar, nos volvemos el foco de la atención de muchas razas negativas, pues estamos caminando en una dirección contraria a la que tanto ellos se han esforzado por llevarnos.

Ellos intentarán impedir nuestro recorrido de evolución de diferentes maneras, pero lo principal es tener en cuenta que no somos inferiores en fuerza y poder a ellos y que no debemos temerles, pues es a través de miedo que ellos ganan fuerza.

Activando nuestro ADN podemos tener la suficiente fuerza para deshacernos de razas negativas.

Aquí podemos listar los pasos más importantes para asegurarnos que estaremos fuertes y que estaremos protegidos de cualquier psique maléfica:

1 - Trabajar el miedo y eliminar la dualidad. Los alienígenas negativos se aprovechan de nuestra visión dual del mundo para manipular nuestra mente: bueno - malo, bonito - feo, ángel - demonio, pues así, siempre tendremos miedo de caer en lo que consideramos malo. Fueron justamente ellos los que nos implementaron nuestros sistemas religiosos.

2 - Trabajar la culpa. A través de nuestros sistemas de creencias, principalmente el religioso, nos han metido en la cabeza que tenemos un pecado original, que somos impuros, que necesitamos seguir a fé ciega, algún guía espiritual, pues nosotros no somos capaces de valernos por nosotros mismos. Esto debilita mucho nuestras capacidades psíquicas y nos hace ser presas fáciles.

3 - Focalizarnos en nuestro maestro interior, trabajar nuestra energía. Esto implica seguir a nuestro maestro interno, y no a maestros externos. Tener un buen autoconocimiento para fortalecer nuestros puntos débiles. También implica imponer nuestros límites a los demás, no dejarnos perjudicar o manipular por personas que siempre nos buscan para obtener algún beneficio personal y nos colocan para abajo.

4 - Mirar nuestra sombra, todo aquello que nos genere desequilibrio. Ser lo suficientemente honestos con nosotros mismos, para con humildad identificar las características personales que necesitamos mejorar.

5 - Hacer técnicas de limpieza, protecciones diarias. Las técnicas y visualizaciones de protección son muy importantes, porque van fortaleciendo nuestra psiquis, al igual que trabajamos frecuentemente nuestros músculos en el gimnasio para fortalecerlos, de la misma manera, debemos trabajar con frecuencia las técnicas y visualizaciones de protección para fortalecer nuestra psiquis.

Una técnica de protección muy poderosa, es visualizarnos dentro de una pirámide de espejos, con la cara de los espejos para afuera. Esto proyecta toda la energía negativa para afuera de nuestra aura.

La meditación Gassho que podemos encontrar fácilmente en youtube, también es excelente para limpiar nuestra mente y depurar energías negativas.

La técnica de la limpieza de la médula espinal, es muy útil. Podemos visualizar un fuego violeta para depurar todo el campo energético, ir limpiando chakra a chakra, capa áurica a capa áurica (son 7 capas en total), y dentro de la médula espinal introducir esa llama violeta de cabeza a pies.
Para finalizar esta técnica, en la séptima capa del aura podemos proyectar llamas de este fuego violeta saliendo

para afuera. Esto va a tener el mismo efecto que la técnica de la pirámide de espejos, proyectando la energía negativa para fuera de nuestra aura.

Meditación de los códigos alienígenas

En este apartado, vamos a mencionar de manera breve sobre lo que consiste todo el compendio de técnicas que son aplicadas terapéuticamente para realizar la activación del ADN cósmico de manera correcta y completa.

Primeramente, debemos destacar que cualquier tipo de meditación, abre las capas áuricas de nuestro campo electromagnético, por lo que, si no tenemos las debidas protecciones previas, será muy fácil que seres negativos accedan a nuestro cuerpo energético para debilitarnos.

Por este motivo, la primera técnica es hacer una visualización de protección y defensa, utilizando el color de las llamas y la geometría sagrada. En este primer paso, también hacemos uso de los 4 elementos: tierra, agua, aire, fuego.

En seguida, realizamos la meditación en sí, en la cual, utilizando frecuencias 432 hz, entramos en ondas cerebrales Theta para identificación y remoción de la estructura implantaría, así como de los implantes. Y luego pasaremos a rescatar la información genética, chakra a chakra (con su tono respectivo), energizando y sanando cada punto energético.

Para finalizar, se hace una breve tomada de tierra, para poder anclar toda la información del inconsciente al consciente. Estas informaciones y saltos cuánticos estarán disponibles para irse recibiendo paulatinamente de manera espontánea en nuestro día a día.

Hermandad alienigena

No vamos a entrar de manera detallada sobre cómo entrar en contacto con los alienígenas y como comenzar a recibir mensajes de ellos, pues necesitamos tener prácticas espirituales muy avanzadas y lo primero que debemos hacer es trabajar activando nuestro propio ADN y fortaleciendo nuestra psiquis antes de entrar en territorio desconocido.

Pero si nos gustaría destacar que existen ciudades etéricas intraterrenas (dentro de la tierra) y ciudades etéricas en las zonas superiores dentro de nuestra atmósfera (en el cielo), donde existen razas positivas a los seres humanos, conviviendo en perfecta paz y armonía, e interviniendo algunas veces, cuando es estrictamente necesario para ayudar a la evolución del humano.

Ellos son nuestros ancestros y hermanos, y en su debido momento, cuando la humanidad esté más preparada para el próximo salto cuántico de consciencia, estarán más presentes en nuestras vidas, inspirándonos y ayudándonos con su sabiduría.

De momento, hay algunos humanos con la capacidad y la preparación para visitar las ciudades de las razas positivas. La manera más común de hacerlo es a través del viaje astral.

Para conectar con estas razas debemos vibrar en sus frecuencias y es muy importante pedirles permiso para la conexión, no podemos simplemente invadir su territorio.

Además de todo, no podemos vibrar con todas y cada una de estas razas positivas, pues todavía tenemos nuestros límites.

Debemos ir haciendo un trabajo interno para ir accediendo a sus dimensiones, con respeto y permiso de ellos, pero debemos entender que es un trabajo paulatino y que no es posible que de la noche para el día resonemos con todas las razas positivas.

Hermandad de los humanos cósmicos

Para los mayas, nosotros debemos entrar en comunión con nuestro maestro interno que vive dentro de nosotros, a través de la activación de nuestro ADN original.

El calendario maya es muy famoso por ser muy preciso y predecir cíclicamente los ritmos de la tierra y el universo. Ellos tenían un sistema de medición del espacio - tiempo llamado Tzolkin, y dentro del mismo, hay un tipo de sistema astrológico similar al que tenemos actualmente, con los "signos zodiacales", que nos dan un norte sobre nuestra personalidad y nos predicen para qué hemos venido a la tierra. Estos "signos zodiacales", en el sistema Tzolkin se les conoce como Kin.

A través del conocimiento y la resonancia con nuestro Kin, los mayas decían que íbamos a ir activando nuestro ADN y que íbamos a ir armonizando el planeta tierra.

Los Kin maya son energías específicas que se interconectan como una red generadora de sanación planetaria.

Cada persona resuena con un Kin específico, sería lo mismo a decir que cada persona tiene una misión de vida específica, y que al descubrir nuestra misión de vida, vamos ir activando esta red de sanación planetaria. Juntándonos como una grande hermandad, que es la raza humana benéfica, que conquistó su derecho de seguir existiendo y evolucionando.

Los mayas nos dejaron el conocimiento del Tzolkin, como un mapa para que la humanidad pudiera encontrarse en el momento en que este más perdida.

Es muy fácil en el buscador de Google encontrar sitios web en donde se pueda calcular nuestro Kin usando nuestra fecha de nacimiento. Recomendamos hacerlo como un complemento a todas las técnicas y practicas descritas en este manual para activar el ADN cósmico.

Para finalizar, queremos felicitarte por haber llegado hasta el final del manual y queremos agradecerte inmensamente por tu tiempo.